Γιατί είμαι υπερήφανος
Για την καταγωγή μου

Παρουσίαση από τον
Ανδρέα Πολυδώρου B.Sc.(Hons), PhD, FRSA

"Andreas Polydorou is an established Thinker, Scientist, Inventor, Writer, and Broadcaster."

Παρουσίασα τις σκέψεις μου αυτές γιά πρώτη φορά σε μιά συνάντηση στην εκκλησία το Wood Green στο βόριο Λονδίνο το 1977. Από τότε τις παρουσίασα σε αρκετά άλλα φόρα.

© 2010 by Andreas Polydorou
andreas@adm-computers.com

Published 2010 by ABC Publications London

Γιατί είμαι υπερήφανος Για την καταγωγή μου

Κείμενο γραμμένο από τον Δρα Ανδρέα Πολυδώρου

Θα ήθελα πρώτα να κάνω 3 εξηγήσεις

1. Δεν θέλω να ξεχωρίσω μεταξύ Κυπρίων και Ελλαδιτών. Όλοι οι απανταχού Έλληνες αποτελούν ένα Έθνος.
2. Είμαι Κύπριος και αυτό ποτέ δεν το ξεχνώ. Αγαπώ κι εκτιμώ τους Τουρκοκυπρίους αλλά γι αυτά που έχω να πω σήμερα δεν τους αφορά άμεσα. Είμαι βέβαιος ότι όλοι οι Τούρκοι φίλοι μου να συμμερίζονται τις σκέψεις μου πάνω σ αυτά που έχω να πω σήμερα.
3. Υπάρχουν πολλές πράξεις των προγόνων μας για τις οποίες δεν είμαι υπερήφανος. Για πολλές από τις πράξεις τους νοιώθω ντροπή. Τέτοιες πράξεις

συμπεριλαμβάνουν την καταδίκη του Σωκράτη σε θάνατο, την τύφλωση των Βουλγάρων από τον Βασίλειο τον Βουλγαροκτόνο, την καταδίκη του Κολοκοτρώνη, το προδοτικό πραξικόπημα του 1974, κλπ.

Θα αρχίσω με τον πιο παλιό και ίσως τον Μεγαλύτερο Έλληνα όλων των αιώνων. Ο Όμηρος θεωρείται από πολλούς ως ο μεγαλύτερος ποιητής όλων των εποχών. Με τα δύο εξαιρετικά του έπη την Ιλιάδα και την Οδύσσεια κατάφερε να κατατοπίσει όλους εμάς για το καθετί που πίστευαν οι πρόγονοι μας πριν 3,000 χρόνια. Σύμφωνα με τα δεδομένα ο Όμηρος έζησε γύρω στον ένατο αιώνα π.χ. Τουλάχιστον 10 πολιτείες θέλουν να ονομάζονται ως πατρίδα του Ομήρου. Μεταξύ αυτών και η Πάφος. Λέγεται ότι ο Όμηρος τυφλώθηκε σε νεαρή ηλικία. Περιγράφει όμως με κάποια θετική ακρίβεια ορισμένα τοπία στην περιοχή της Πάφου. Γι αυτό το λόγο πιστεύεται ότι γεννήθηκε εκεί. Στα δύο του έπη καλύπτει με τόση λεπτομέρεια τόσα πολλά γεγονότα που ορισμένοι μελετητές πιστεύουν ότι ο Όμηρος δεν αποτελεί μια μονάδα αλλά μια ομάδα ποιητών. Αυτό όμως απορρίπτεται από άλλους μελετητές που ισχυρίζονται ότι η ομοιογένεια και το μοναδικό στυλ δεν μπορούν να ανήκουν παρά μόνο σε ένα ποιητή. Ως Έλληνας νοιώθω ιδιαίτερα υπερήφανος για τον μεγάλο αυτό πρόγονό μου.

Θα συνεχίσω με τον άνθρωπο που μετέτρεψε την Αθήνα σε πρωτεύουσα της μόρφωσης και των καλών τεχνών ολόκληρου του κόσμου για εκατοντάδες χρόνια. Ο Περικλής (495-429 π.χ.) άλλαξε το πολίτευμα της Αθήνας σε Δημοκρατικό και παρά το γεγονός ότι οδήγησε τους Αθηναίους στους δύο πρώτους Πελοποννησιακούς πολέμους εν τούτοις η εποχή διακυβέρνησης του Περικλή ονομάστηκε «Η χρυσή Εποχή». Έχτισε την Ακρόπολη και κάλεσε τον καλλιτέχνη Φειδία (ένα άλλο μεγάλο Έλληνα για τον οποίο όλοι νοιώθουμε ιδιαίτερα υπερήφανοι) να φιλοτεχνήσει το μαγευτικό άγαλμα της Θεάς Αθηνάς μέσα στον Παρθενώνα και το μπρούτζινο άγαλμά της στα Προπύλαια. Ακόμα και σήμερα το άγαλμα της Αθηνάς θεωρείται το απώτερο δημιούργημα τέχνης όλων των εποχών. Ο Περικλής δεν ήταν μόνο ένας μεγάλος πολιτικός και στρατηγός. Ήτανε ανθρωπιστής και ένας μεγάλος ρήτορας.

Η μόρφωση την εποχή του Περικλή είχε φτάσει σε ένα πολύ ψηλό επίπεδο γενικά και δεν αποτελούσε προνόμιο μόνο των ολίγων. Χαρακτηριστικό ήταν το γεγονός ότι οι αποφάσεις της βουλής εγγραφόταν σε παπύρους που τοιχοκολλούνταν σε ορισμένα σημεία της πόλης για να μπορεί ο κόσμος να διαβάζει τις αποφάσεις της Βουλής. Ήτανε βασικά οι πρώτες εφημερίδες. Πρέπει εδώ να αναφέρω το γεγονός ότι σε όλες τις χώρες της Ευρώπης 2000 χρόνια αργότερα οι αποφάσεις της βουλής ή του Βασιλιά επικοινωνούνταν στον λαό με τη χρήση τηλεβόα. Δηλαδή 2000 χρόνια μετά που οι Έλληνες θεωρούσαν την εκπαίδευση ως κάτι το βασικό, στην Ευρώπη η εκπαίδευση ήτανε το προνόμιο των λίγων. Η ελληνική βουλή ήτανε κάτι πολύ πιο αρχαίο από τον Περικλή. Ο Όμηρος αναφέρει την βουλή 500 χρόνια προηγουμένως. Αυτό όμως συμβολίζει το πραγματικό Δημοκρατικό καθεστώς της εποχής εκείνης.

Οι αρχαίοι πρόγονοί μας δεν δημιούργησαν απλώς την Ακρόπολη και τον Παρθενώνα. Συμμετείχαν στη δημιουργία των πέντε από των εφτά αρχαίων Θαυμάτων του Κόσμου – το Μαυσωλείο της Αλικαρνασσού, τον Φάρο της Αλεξανδρείας, τον

Κολοσσό της Ρόδου, το άγαλμα του Διός στην Ολυμπία και τον ναό της Αρτέμιδος στην Έφεσο. Μόνο στην πυραμίδα του Χέοπος και τους Κρεμαστούς Κήπους της Σεμιράμιδος στη Βαβυλώνα δεν είναι γνωστή συμμετοχή ελληνικού στοιχείου.

Οι αρχαίοι Έλληνες ήτανε οι πρώτοι άνθρωποι που ασχολήθηκαν σοβαρά με τον αθλητισμό. Πριν 3,000 σχεδόν χρόνια εισήγαγαν τους Ολυμπιακούς αγώνες (άρχισαν 776 π.χ.) στους οποίους κάθε τέσσερα χρόνια ελάμβαναν μέρος αθλητές από όλα τα μέρη του Ελληνισμού. Τόση μεγάλη σημασία προσέδιδαν οι αρχαίοι πρόγονοι μας σ' αυτούς τους αγώνες που ακόμα και τους πολέμους τους σταματούσαν κατά την διάρκεια των Ολυμπιακών αγώνων.

Ο Σωκράτης (469-399π.χ.) μπορεί να ονομαστεί ο Πατέρας της Φιλοσοφίας. Έζησε την εποχή του Περικλή. Είχε καταπληκτική διαύγεια πνεύματος και πρωτοτυπία στις απόψεις του. Δεν έγραψε τίποτα. Όσα γνωρίζουμε γι αυτόν είναι γραμμένα κυρίως από τον μαθητή του Πλάτωνα και τον Αριστοτέλη. Ήτανε εύθυμος και ολιγαρκής και ξεχώριζε για την γαλήνη και εγκράτειά του.

Ενδιαφερόταν για τα ηθικά και κοινωνικά προβλήματα της εποχής του, ιδικά για τους νέους. Ήτανε ένας επαναστάτης που πολλές φορές καταπολέμησε το δημοκρατικό πολίτευμα που εισήγαγε ο Περικλής και τις θεωρίες των σοφιστών. Διαφώνησε με την παράνομη ψηφοφορία που καταδίκασε τους 9 στρατηγούς της μάχης των Αργινουσών. Γι αυτή του τη στάση καταδικάστηκε σε θάνατο με κώνειο. Οι φίλοι του οργάνωσαν την δραπέτευσή του από την φυλακή αλλά αυτός αρνήθηκε να δραπετεύσει. Θεώρησε την φυγή του ως άδικη και ανάξια και κακό παράδειγμα προς μίμηση που ήταν ακριβώς αντίθετα με αυτά που δίδαξε σε όλη τη ζωή του. Ο Σωκράτης έμεινε αθάνατος με τις τόσες πολλές εκφράσεις του όπως

Ένα ξέρω – ότι δεν ξέρω τίποτα
Η ομορφιά είναι ένα προσωρινό βάσανο
Μη αποκαλέσεις ένα άνδρα ως δυστυχισμένο, προτού παντρευτεί
Αν σου τύχει καλή σύζυγος θα γίνεις ευτυχισμένος. Αν όχι, θα γίνεις Φιλόσοφος.

Η καταδίκη των στρατηγών της μάχης των Αργινουσών αποτελεί για μένα ένα από τα μεγαλεία και σύμβολα του αρχαίου Ελληνικού πολιτισμού παρά το γεγονός ότι είμαι ένας άνθρωπος που αντιτίθεται στη θανατική ποινή. Οι 9 στρατηγοί καταδικάστηκαν σε θάνατο γιατί μετά τη νίκη του Αθηναϊκού στόλου επί του Πελοποννησιακού, δεν μάζεψαν τους Σπαρτιάτες νεκρούς για να ταφούν με τιμές, λόγω τρικυμίας. Τέτοια πράξη ήταν ενάντια στην νομοθεσία των Αθηνών, όπου το πολίτευμα απαιτούσε να τιμούνται οι νεκροί ακόμα και των εχθρών. Αυτό το παράδειγμα το χρησιμοποίησα για να συγκρίνω σε διαλέξεις μου τη στάση των Βρετανών το 1982 όταν βύθισαν το πλοίο Μπελγκράνο της Αργεντινής αφήνοντας εκατοντάδες Αργεντινούς στο έλεος του Ατλαντικού.

Μετά τον Σωκράτη θα ήθελα να αναφερθώ στον Πλάτωνα (428-348 π.χ.) ο οποίος μας άφησε πληθώρα συγγραμμάτων ιδικά σε ηθικά και φιλοσοφικά διδάγματα και θεωρείται ένας από τους πιο σημαντικούς φιλοσόφους όλων των εποχών. Μαθητής του Σωκράτη ταξίδεψε σε πολλές χώρες και μετά ίδρυσε την Ακαδημία των Αθηνών. Πολλά από τα συγγράμματα του σχετίζονται με τις διδασκαλίες του Σωκράτη και αγωνίσθηκε σκληρά για να αποκαταστήσει το όνομα του και να πείσει τον λαό ότι η καταδίκη και εκτέλεση του Σωκράτη ήτανε ένα μεγάλο λάθος της πολιτείας, κάτι που τελικά κατόρθωσε.

Ο πιο σημαντικός μαθητής του Πλάτωνα ήταν ο Αριστοτέλης (384-322 π.χ.). Οι τρεις μεγάλοι αυτοί φιλόσοφοι Σωκράτης, Πλάτωνας και Αριστοτέλης θεωρούνται οι θεμελιωτές της Ευρωπαϊκής Φιλοσοφίας. Ο Αριστοτέλης ίδρυσε τον θετικισμό και την Επιστημονική Φιλοσοφία. Η ονοματολογία και πολλοί από τους ορισμούς του Αριστοτέλη χρησιμοποιούνται μέχρι σήμερα σε όλες της γλώσσες του δυτικού κόσμου. Έγραψε εκατοντάδες συγγράμματα ίσως μέχρι και 1000, καλύπτοντας θέματα όπως Φυσική, Βιολογία, Ζωολογία, Μεταφυσική, ποίηση, Θέατρο, μουσική, ρητορική, ηθική, λογική, πολιτική, διακυβέρνηση, και άλλα. Ήταν ένας πραγματικός παντογνώστης που προσπάθησε να δώσει εξήγηση σε όλα τα φυσικά και μη φυσικά φαινόμενα. Πολλές από τις ιδέες του ο δυτικός κόσμος τις είχε ως βάση για περισσότερα από 2,000 χρόνια. Πραγματική ιδιοφυία. Ο Αριστοτέλης ήτανε δάσκαλος του Μεγάλου Αλεξάνδρου.

Την λέξη Φιλοσοφία την εισήγαγε ο Πυθαγόρας (572-490 π.χ.) του οποίου δυστυχώς όλα τα συγγράμματα έχουν καταστραφεί. Ο Πυθαγόρας που ήτανε ένας από τους μεγάλους Μαθηματικούς της αρχαιότητας έζησε δύο αιώνες πριν από τον Αριστοτέλη και το μόνο γνωστό δημιούργημα του είναι το Πυθαγόρειο θεώρημα. Δύο από τους πιο γνωστούς μαθητές του Πυθαγόρα ήταν οι φίλοι Δάμων και Φιντίας που όταν ταξίδεψαν στις Συρακούσες, οι αρχές των Συρακουσών συνέλαβαν τον Φιντία με την κατηγορία σχεδιασμού πραξικοπήματος εναντίον του τυράννου των Συρακουσών Διονυσίου. Όταν τον καταδίκασαν σε θάνατο ζήτησε από τον Διονύσιο να του επιτρέψει να επιστρέψει στο σπίτι του να αποχαιρετήσει την οικογένεια του. Δέχτηκε ο Δάμων να φυλακιστεί στην θέση του μέχρι να επιστρέψει. Ο Φιντίας καθυστέρησε και ο Διονύσιος έδωσε διαταγή να εκτελέσουν τον Δάμωνα. Την τελευταία όμως στιγμή επέστρεψε ο Φιντίας και συγκινημένος ο Διονύσιος έδωσε χάρη και στους δύο φίλους και τους διόρισε ως συμβούλους του.

Ο Θαλής ο Μιλήσιος (625-546 π.χ.) ήτανε ένας από τους εφτά σοφούς της Αρχαίας Ελλάδας. Ήτανε ο εφευρέτης του στατικού ηλεκτρισμού και έθεσε τις βάσεις της θεωρητικής Γεωμετρίας που αργότερα επέκτεινε ο Ευκλείδης. Ήταν ο πρώτος που πρόβλεψε έκλειψη του ήλιου. Στήριξε τις προβλέψεις του πάνω στις απόψεις του Παρμενίδη (6^{ος} αιώνας π.χ.) ο οποίος ήταν ο πρώτος που πρόβλεψε ότι η γη είναι στρογγυλή. Ο Παρμενίδης έφθασε σ αυτό το συμπέρασμα όταν έκανε την σκέψη ότι οποιοδήποτε άλλο σχήμα θα οδηγούσε σε αστάθεια και εσωτερική κατάρρευση. Με την άποψη αυτή ο Παρμενίδης είχε βασικά προβλέψει το νόμο της βαρύτητας που αργότερα εξήγησε ο Άγγλος Νεύτων.

Ο Αρχιμήδης (287-212 π.χ.) που έζησε τον τρίτο αιώνα π.χ. ήτανε μαθηματικός, φυσικός, μηχανικός, εφευρέτης, αστρονόμος κλπ Έκανε σημαντικές ανακαλύψεις στη γεωμετρία, θεωρία μοχλών, κλπ. Είναι γνωστός από την «Αρχή Αρχιμήδη» με την οποία έθεσε τις βάσεις της επιστήμης της Υδροστατικής. Ένας μεγάλος σοφός βοήθησε με τις ανακαλύψεις του την άμυνα των Συρακουσών στην πολιορκία από τους Ρωμαίους. Σε μια πολιορκία από το Ρωμαϊκό στόλο, ο Αρχιμήδης χρησιμοποίησε γιγαντιαίους φακούς για να συγκεντρώσει την ηλιακή ενέργεια για να πυρπολήσει τα Ρωμαϊκά πλοία. Οι Ρωμαίοι όμως κατάφεραν τελικά να εισβάλουν και τελικά να σκοτώσουν τον Αρχιμήδη.

Περιέγραψα τον Αριστοτέλη ως παντογνώστη. Κάτι παρόμοιο μπορούμε να πούμε ήτανε και ο Ερατοσθένης (276-195 π.χ.). Περιγράφεται ως ο πολυμαθέστατος των λογίων της Αλεξανδρείας. Ταξίδευσε σε πολλές χώρες όπως τον Πλάτωνα και η γεωγραφία ήτανε ένα από τα κύρια θέματα που τον απασχόλησαν, γι αυτό σχεδίασε ένα παγκόσμιο χάρτη του τότε γνωστού κόσμου. Ο χάρτης αυτός έχει καταπληκτική ομοιότητα με τον σημερινό. Ο Ερατοσθένης ήτανε επίσης μια μαθηματική ιδιοφυία που ασχολήθηκε με την ποίηση, την αστρονομία και τον αθλητισμό. Ήταν ο πρώτος που δημιούργησε την επιστήμη της Χρονογραφίας, κατατάσσοντας όλα τα γεγονότα από την εποχή του Τρωικού πολέμου. Τον ονόμαζαν «βήτα» επειδή θεωρείτο ο δεύτερος στον κόσμο σε όλα τα θέματα Ήταν επίσης ο πρώτος που υπολόγισε με επιστημονική μέθοδο την διάμετρο της γης με καταπληκτική ακρίβεια. Για την υπολογισμό αυτό μέτρησε την απόσταση από την Αλεξάνδρεια στο Ασουάν. Μέτρησε από το μέγεθος σκιάς την ηλιακή γωνία στην Αλεξάνδρεια την στιγμή που ο ήλιος ήταν ακριβώς κάθετα πάνω από το Ασουάν – το διαπίστωσε αυτό κοιτάζοντας την αντανάκλαση του ήλιου σε ένα βαθύ πηγάδι. Την απόσταση μεταξύ Ασουάν και Αλεξανδρείας την μέτρησαν σε 787 χιλιόμετρα ενώ την γωνία του ηλίου την μέτρησαν σε 7.2 μοίρες.

Με βάση αυτά τα δεδομένα η περίμετρος της γης είναι

787X360/7.2 = 39,350.

Σήμερα η ανεγνωρισμένη περίμετρος στον Ισημερινό είναι 39,918. Δηλαδή το λάθος ήτανε μόνο 568 χιλιόμετρα.

Τα λόγια περιττεύουν. Το πείραμα αυτό επαναλαμβάνετε κάθε χρόνο από φοιτητές πολλών πανεπιστημίων. Επίσης ο Ερατοσθένης .υπολόγισε την απόσταση του ήλιου και της σελήνης από την γη με μεγάλη ακρίβεια.

Εδώ θα ήθελα να αναφέρω ότι τον μεσαίωνα, ακολουθώντας άλλους υπολογισμούς αρκετοί πίστευαν ότι η περίμετρος της γης ήτανε πολύ μικρότερη, δηλ περίπου 25,000 χιλιόμετρα. Με βάση αυτά το δεδομένα ο Κολόμβος υπολόγισε ότι η απόσταση από την Ευρώπη στις Ινδίες ακολουθώντας την δυτική διαδρομή ήταν περίπου 5,000 χιλιόμετρα, μια απόσταση που θα μπορούσε να καλύψει σε περίπου δέκα εβδομάδες. Η πραγματική απόσταση όμως είναι πάνω από 20,000 χιλιόμετρα. Ήταν τυχερός που ήταν η Αμερική ανάμεσα στην Ευρώπη και την Ασία ιδ' αλλιώς θα απέθαναν όλοι από πείνα. Χαρακτηριστικό είναι το γεγονός ότι ο Κολόμβος νόμισε ότι έφτασε στην Ινδία, επειδή οι ακτές της Αμερικής όπου είχε φθάσει έμοιαζαν τόσο πολύ με την Ινδία. Ποτέ δεν έμαθε την πραγματικότητα, ότι δηλαδή ανακάλυψε μια νέα Ήπειρο.

Σκοπός μου δεν είναι να αναφερθώ σε στρατιωτικά κατορθώματα των προγόνων μας αλλά δεν μπορώ να αφήσω απαρατήρητο το γεγονός ότι στη Μάχη του Μαραθώνα το 490π.χ. 10,000 Αθηναίοι και 1,000 Πλαταιείς υπό την στρατηγία του Μιλτιάδη κατατρόπωσαν 100,000 εισβάλλοντες Πέρσες. 10

χρόνια αργότερα 300 Σπαρτιάτες υπό τον Λεωνίδα θυσιάστηκαν στις Θερμοπύλες. Τον τρόμο των Περσών σταμάτησε τελικά ο Μέγας Αλέξανδρος (356-323 π.χ.) ο οποίος αποφάσισε να πολεμήσει τους Πέρσες στην ίδια την πατρίδα τους. Ο Μέγας Αλέξανδρος δεν σταμάτησε όμως εκεί. Συνέχισε την πορεία του να μεταφέρει τον Ελληνικό πολιτισμό μέχρι την Ινδία, ενώ συνάμα κυρίευσε ολόκληρη την μέση Ανατολή.

Η Ελληνική γλώσσα ήτανε η διεθνής γλώσσα για περίπου 1,000 χρόνια όπως σήμερα είναι η Αγγλική. Γι αυτό και το Ευαγγέλιο και σχεδόν όλα τα σημαντικά συγγράμματα της εποχής αυτής γράφτηκαν στην Ελληνική γλώσσα.

Η επέκταση του Αρχαίου Ελληνικού πολιτισμού συνεχίστηκε μέσω του Βυζαντίου όπου ο Μέγας Κωνσταντίνος έκτισε την Αγία Σοφία μία εκκλησία που όσοι την επισκέπτονται σήμερα θαυμάζουν το μεγαλείο της με δέος. Η σημερινή μορφή είναι η τρίτη λόγω καταστροφής από σεισμούς και ο θόλος της είναι ένα πραγματικά Αρχιτεκτονικό αριστούργημα το οποίο οι Τούρκοι κατακτητές μάταια προσπάθησαν επανειλημμένως να αντιγράψουν.

Ακολούθησε μια εποχή αδράνειας όσο αφορά τον πολιτισμό μέχρι την άλωση της Κωνσταντινούπολις από τους Τούρκους. Αλλά και μέσα σ' αυτά τα χρόνια έχουμε μια πληθώρα Δημοτικών ποιημάτων πολλά από τα οποία μπορούμε να δούμε στη συλλογή Πολίτη. Τα ποιήματα αυτά δίδασκε η μάνα και η γιαγιά και διατηρήθηκαν μέχρι σήμερα. Τυπικά παραδείγματα όπως ο Διγενής και ο Χάρος, ο Κωσταντάς, το Κάστρο της οργιάς, της Λυγερής και του Χάρου.

Η Ευγενούλα η μοσκονιά η μικροπαντρεμένη
Εβγήκε και επενεύτηκε πως Χάρο δεν φοβάται
Γιατί εν τα σπίτια της ψηλά, κι ο άντρας της εν παλικάρι,
Γιατί έχει τους εννιά αδελφούς τους καστροπολεμίτες
Που όλα τα κάστρα πολεμούν και χώρες παραδίνουν.
Κι ο χάρος όπου τάκουσε πολύ το βαρυφάνη
Μαύρο πουλίν εγίνηκε σαν άγριο χελιδόνι
Κε πήγε κ εσαΐτεψε την μοναχή την κόρη
Μες στο λιανό το δάχτυλο πούχε την αρραβώνα.

Κ' εμπενοβγαίνουν οι γιατροί και γιατρεμό δεν έχει
Και μπενοβγαίνει η μάνα της με τα μαλλιά λυμένα
«Τι έχεις μανούλα μου και κλαις, τι έχεις κι αναστενάζεις?

Πεθαίνεις Ευγενούλα μου, και τι μου παραγγέλνεις?
Σ' αφήνω μάνα μου το έχε γειά και ντύσε με σα νύφη,
Κι όταν θα σόρθη ο Κωσταντής να μην μου τον πικράνεις,
Μον στρώσε του γιόμα να γευτή και δείπνο να δειπνήση
Κι άπλωσε μες στην τσέπη μου και πάρε το κλειδί μου,
Και βγάλ' τον αρραβώνα του και τα χαρίσματά του,
Και δως του τα του Κωσταντή, αλλού να αρραβωνίση,
Ωσάν κι εγώ παντρεύουμε, παίρνω τον Χάρον άντρα.»

Εκεί που θάψανε τον νιό φύτρωσε κυπαρίσσι,
Κι εκεί που θάψανε τη νιά εβγήκε καλαμιώνα,
Λυγογυρίζει η καλαμιά, σκύφτει το κυπαρίσσι .
Κι ένα πουλί κελάδαε, σ' άλλο πουλί ξηγιώταν,
«Για δες τα, τα κακόμοιρα, τα πολυαγαπημένα,
Δε φιληθήκαν ζωντανά, φιλιούνται πεθαμένα.»

Η επανάσταση του 1821 αποτελεί μια από τις πιο σημαντικές και συνάμα ένδοξες σελίδες της Ελληνικής Ιστορίας. Τα ονόματα των ηρώων Υψηλάντη, Κολοκοτρώνη, Ανδρούτσου, Μπότσαρη, Μιαούλη, Κανάρη είναι γραμμένα στο μυαλό όλων των Ελλήνων με υπερηφάνεια. Αγωνίστηκαν για την ελευθερία τους. Δεν πολέμησαν σε ένα πόλεμο χωρίς όραμα και πίστη αλλά σε ένα αγώνα για τον οποίο πρόθημα αφιέρωσαν τη ζωή τους.

Παρόμοια αισθήματα διακατέχουν όλους τους Έλληνες όταν στην σκέψη τους περνά το μεγάλο ΟΧΙ εναντίον το Φασισμού. Άσχετα αν αυτό το ΟΧΙ ήρθε από τα χείλη ενός μισητού δικτάτορα, ο λαός εκείνη τη στιγμή αποφάσισε να αγωνιστεί για το Έθνος και όχι για τον δικτάτορα. Αυτό το ΟΧΙ αποτελεί ένα μεγαλείο το οποίο εκτίμησαν όλοι οι λαοί που αγωνίστηκαν και αγωνίζονται για την ελευθερία τους. Στάθηκε και στέκεται σα Σύμβολο Ελευθερίας και Ιερών Αγώνων.

Η Ελληνική λογοτεχνία τα τελευταία 200 χρόνια έχει να παρουσιάσει μια αξιοζήλευτη και αξιοθαύμαστη σειρά από ταλέντα με παγκόσμια εμβέλεια. Ο Εθνικός μας ποιητής Διονύσιος Σολωμός που το μόνο του έργο που τελείωσε ήταν ο Ύμνος στην Ελευθερία, δεν κυκλοφόρησε σχεδόν τίποτα στην ζωή του αλλά εν τούτοις τα ατέλειωτα του έργα όπως οι Ελεύθεροι Πολιορκημένοι, ο Κρητικός και άλλα αποτελούν υπέροχα δημιουργήματα.

Ο Ανδρέας Κάλβος που γεννήθηκε και αυτός στη Ζάκυνθο εφτά χρόνια προηγουμένως έγινε αθάνατος με τις 20 ωδές του.

Ωδή εις Θάνατο

Ω φωνή ω μητέρα
Ω των πρώτων μου χρόνων
Γλυκιά παρηγόρησις
Όμματα που με βρέχατε
Με γλυκά δάκρυα!

Και συ στόμα όπου εφίλησα
Τόσες φορές, με τόσην
Θερμοτάτην αγάπην
Πόση άπειρος άβυσσος
Μας χωρίζει!

Ωδή ο Φιλόπατρις

Ω φιλτάτη πατρίς,
Ω θαυμασία νήσος,
Ζάκυνθε. Συ μου έδωκας
Την πνοή και του Απόλλωνος
Τα χρυσά δώρα

Εις τον Ιερόν Λόχον

Ας μη βρέξει ποτέ
Το σύννεφο, και ο άνεμος
Σκληρός ας μη σκπορπίση
Το χώμα το μακάριον
Που σας σκεπάζει.

Ο Παλαμάς είναι ίσως ο μεγαλύτερος ποιητής της νεωτέρας Ελλάδας με μια πραγματικά εκπληκτική συλλογή ποιημάτων. Συνθέτης του επίσημου Ολυμπιακού Ύμνου προτάθηκε δύο φορές για το βραβείο Νόμπελ και εθεωρείτο από πολλούς ως ο πιο μεγάλος ποιητής της Ευρώπης. Ξεχωρίζουν οι συλλογές του Ίαμβοι και Ανάπαιστοι, Ηρωική Τριλογία, Πολιτεία και Μοναξιά, οι Βωμοί, Φλογέρα του Βασιλιά, Δωδεκάλογος του Γύφτου

Κι ανάμεσά τους αρχινάει,
Ξεχωρισμένη από τις άλλες,
Τρικυμισμένο ένα χορό,
Λυγιέται, σέρνεται, πετάει
Κορίτσι δεκαοχτώ χρονών

Στο μανιομένο το χορό
Και του χορού βασίλισσα είναι
Κι άφρισμα, λάγγεμα, τρεμούλα,
Η γυφτοπούλα η μαγιοπούλα!

Ίσως θα έπρεπε εδώ να αναφέρω ένα άλλο επιτυχημένο ποιητή της ξενιτιάς τον Κωνσταντίνο Καβάφη (1868-1933) που ορισμένα από τα ποιήματα του όπως η Ιθάκη θα μείνουν αξέχαστα. Για μας που ξενιτευτήκαμε, πάντα στο μυαλό μας αντηχούν οι στοίχοι του Δροσίνη

«Χώμα Ελληνικό»

Τώρα που θα φύγω και θα πάω στα ξένα
Και θα ζούμε μήνες χρόνια χωρισμένοι
Άφησε να πάρω κάτι κι από σένα
Γαλανή πατρίδα πολυαγαπημένη

Άφησε μαζί μου φυλαχτό να πάρω,
Για την κάθε λύπη, κάθε τι κακό,
Φυλαχτό απ' αρρώστια, φυλακτό από χάρο
Μόνο λίγο χώμα, χώμα Ελληνικό.

Οι πιο αναγνωρισμένες διεθνώς μορφές της νέας Ελληνικής ποίησης είναι αναμφίβολα του Γιώργου Σεφέρη και του Οδυσσέα Ελύτη που κέρδισαν το βραβείο Νόμπελ και του Γιάννη Ρίτσου που προτάθηκε εννιά φορές αλλά δυστυχώς δεν το κέρδισε. Πραγματικά μεγάλοι ποιητές και οι τρείς τους. Ο Γιώργος Σεφέρης αγάπησε ειλικρινά την Κύπρο όπου έζησε αρκετά χρόνια και στην οποία αφιέρωσε μία από τις μεγάλες του συλλογές. Είναι γνωστός σε όλους μας από δύο μεγάλους στοίχους

Τα αηδόνια δεν με αφήνουνε
Να κοιμηθώ στις Πλάτρες.

Η Κύπρος δεν υστέρησε σε μεγάλους ποιητές με τον Βασίλη Μιχαηλίδη και τον Δημήτρη Λιπέρτη να ηγούνται μια σειρά από μεταγενέστερους ποιητές.

Στην «Η 9η Ιουλίου 1821» του Βασίλη Μιχαηλίδη βλέπουμε μια σειρά από φιλοσοφικές εκφράσεις οι οποίες θα παραμείνουν αιώνια.

Η Ρωμιοσύνη εν φυλή συνότζαιρη του κόσμου
Κανένας δεν εβρέθηκε για να την ιξηλείψει
Κανένας, γιατί σιέπει την που τάψη ο θεός μου

Η Ρωμιοσύνη εννά χαθεί όταν ο κόσμος λείψει.

Σφάξεμας ούλους τζι ας γενεί το γαίμαν μας αβλάτζιν,
Κάμε τον κόσμο ματζελειόν τζαι τους Ρωμιούς τραούλλια,
Αμμά ξερε πως ύλαντρον όντας κοπεί καβάτζιν
Τριγύρω του πετάσσουνται τρακόσια παραπούλια.

Το νιν αντάν να τρω την γην, τρώει την γην θαρκέται
Μα πάντα τζείνον τρώεται τζαι τζείνον καταλιέται.

Από το «Βούττημαν ήλιου» του Δημήτρη Λιπέρτη

Άρκον πον να με πέρνουσιν οι τέσσερεις τσιέ μένα
Μες τζιην την ανακατοσιά
έλα τσιέ σου στην εκκλησιά
Μεν αντραπής κανέναν

Βούττημαν ήλιου τζ ύστερις, τέλεια πonνά συγκράσει
Τσιέ πονν αδκιάσουν τα στενά
Πον έσιει πλάσμα να περνά
Για να σε ξυφαράσει

Έλα τσιέ σου στο μνήμα μου τσιέ μες τον πότιν άψε
Αίταφίτικο τσιερίν
Κάπνισε κόρη νακκουρίν
Νομάτισμε τσιέ κλάψε.

Από την «Γιαλλούρα» του Δημήτρη Λιπέρτη

Βρα Γιαλλουρού άκου φακκούν
– Μανά εν το καπρέττιν
Το γέρημον τζείντο σιοιρίν
Τζι άμα πεινάσει νακκουρίν
Κάμνει το σπίτιν φέττιν

Μα κόρη ττακκουρούν πολλά
– Μανά εν το απταρίν αλώπως,
Τζείντο σιζινιν τζαι διψά
Σκαλίζει τζαι πορτοκλωτσά
Τζαι σιέται πιόν ο τόπος

Κόρη ψήχου τζι εν βούριστρον
– Εν τω ταυρίν σιούρου,
Τζι εν σύγκοντα η κατσελλού
Που την εσσιοίνιασες αλλού
Τζι έβαλεν την ποβούρου.

Τούτον εν πλάσμα, ττακουρά
– Ούσσου πκιόν τζαι φοούμαι
Μεν τζι εν το ζώδκιο του σπιτιού
Του γέριμου τ' αλακαδκιού
Βρίξε πκιόν, τζι εν τζοιμούμαι.

Εβριξεν η μανούλλα της…
Τζι εθώρες την Γιαλλούραν
Να σιονωστεί μες στην αυλήν
Τζαι μάτσιου μάτσιου πκιόν φιλίν
Με τζείνον που ττακκούραν.

Πάνω σε τζείντην σταλαμήν
που κρούζει τζι ανασταίνει
Την μιαν τζαι την αληθινήν,
Τρεμουλιασμένη μιαν φωνή
Άκουσεν να ξεβαίνει.

Α, που να σ' έχω στον Θεό
κόρη μ΄αγκαλεμένην
Εν τούτος ζώδκιον τζι αππαρίν
Τζαι το σιοιρίν τζαι το ταυρίν
Που σ' έσιει αγκαλιασμένην?

Αναμφίβολα δύο από τους πιο μεγάλους Έλληνες συγγραφείς του 20ου αιώνα είναι ο Νίκος Καζαντζάκης και ο Ηλίας Βενέζης. Και οι δύο μάς άφησαν μια μεγάλη συλλογή από βιβλία πολλά εκ των οποίων έχουν μεταφραστεί σε πάρα πολλές γλώσσες και τιμούν πραγματικά τον Ελληνισμό. Ο πολυταξιδεμένος Καζαντζάκης προσπάθησε μέσα από τα ταξίδια του να συλλάβει και να μας παρουσιάσει στα βιβλία του τον τρόπο ζωής και σκέψης πολλών λαών που γνώρισε. Αλλά τα βιβλία του που ξεχωρίζουν είναι ο Ζορμπάς, Φτωχούλης του Θεού, ο Καπετάν Μιχάλης, ο Χριστός Ξανασταυρώνεται, Τελευταίος Πειρασμός, και άλλα. Από την συλλογή του Βενέζη θα ήθελα να ξεχωρίσω το Νούμερο 31,328, την Γαλήνη, και την Αιολική Γη. Προσωπικά αυτοί οι δύο συγγραφείς ίσως να διαμόρφωσαν την ζωή μου περισσότερο από οποιονδήποτε άλλον συγγραφέα.

Η Ελληνική μουσική τα τελευταία 100 χρόνια έχει να επιδείξει μια σειρά από καταπληκτικές επιτυχίες. Ο πρώτος μεγάλος Έλληνας συνθέτης ήταν ο Ατίκ που με τα υπέροχα τραγούδια του όπως «Ψες αργά πονεμένη», «Της μιας δραχμής τα γιασεμιά» για δεκαετίες διασκέδαζε και ακόμα διασκεδάζει πολλούς Έλληνες και ξένους. Τα τελευταία 40 χρόνια είχαμε μια σειρά από καταπληκτικούς συνθέτες με τον Μάνο Χατζηδάκη και τον Μίκη Θεοδωράκη να προπορεύονται. Ο αριθμός των επιτυχιών τους είναι αμέτρητος και η διεθνής προβολή τους απεριόριστη.

Μαζί με αυτούς τους συνθέτες πρέπει να αναφέρουμε και αρκετούς μεγάλους τραγουδιστές ίσως αρχίζοντας με τους τροβαδούρους Τόνυ Μαρούδα και Γρηγόρη Μπυθικότση και με τις ασύγκριτες φωνές της Μαρίας Βέμπο, της Μαριάνας Χατζοπούλου, της Μαρινέλλας και τόσων άλλων, μέχρι που φθάσαμε το 2005 με την Έλενα Παπαρίζου και το πρώτο βραβείο της Eurovision.

Τώρα θα ήθελα να αναφέρω ορισμένους Έλληνες επιστήμονες του 20ου αιώνα. Πάνω από όλους ο Κωνσταντίνος Καραθεοδωρής που σύμφωνα με τον Αϊνστάιν, ήταν ο μεγαλύτερος Μαθηματικός του κόσμου των τελευταίων χρόνων. Ο Αϊνστάιν ήταν ένας από τους μαθητές του Καραθεοδωρή. Πολλές από τις ιδέες του Αϊνστάιν αποδείχθηκαν με μαθηματικές μεθόδους που ανακάλυψε ο Καραθεοδωρής. Επίσης απέδειξε το δεύτερο νόμο της Θερμοδυναμικής από μια γεωμετρική προσέγγιση. Οι ανακαλύψεις που έκανε θεωρούνται από πολλούς ως καταπληκτικές.

Όλες οι γυναίκες γνωρίζουν για την μέθοδο Παπανικολάου για διάγνωση καρκίνου στις γυναίκες και έτσι μπορεί να θεραπευθεί προτού επεκταθεί. Κι αυτός ένας μεγάλος επιστήμονας που πρόσφερε τόσα πολλά στην ανθρωπότητα. Θα ήταν παράληψης εάν δεν ανέφερα τον μεγάλο Κύπριο επιστήμονα Κύπρο Νικολαΐδη από την Πάφο, ιδρυτή και διευθυντή του τμήματος Εμβρυακής Ιατρικής στο νοσοκομείο King's College του πανεπιστημίου του Λονδίνου, του πρώτου τέτοιου τμήματος στο Ηνωμένο Βασίλειο. Οι εφευρέσεις του φίλου Κύπρου Νικολαΐδη σχετικά με την προγεννητική διάγνωση προβλημάτων στα γονίδια είναι γνωστές σε όλη την υφήλιο. Όχι τόσο γνωστός είναι ένας άλλος φίλος μεγάλος επιστήμονας ο Χρίστος Φλωρίδης από το Παλαιχώρι που τελειοποίησε μεθόδους στο πανεπιστήμιο Perth της Αυστραλίας για την δημιουργία καλυτέρων ποικιλιών σιτηρών με την μελέτη του DNA.

Πολλοί από τους πολιτικούς μας Ελλαδίτες και Κύπριοι τα τελευταία πενήντα χρόνια δυστυχώς φέρουν ευθύνη για τα δεινά που έπληξαν την Κύπρο. Είμαι .βέβαιος ότι σχεδόν όλοι οι Κύπριοι πολιτικοί έδρασαν με κίνητρο την αγάπη τους για την Κύπρο. Δυστυχώς οι πράξεις πολλών δεν μαρτυρούν κάτι τέτοιο. Δεν μπορώ όμως να παραγνωρίσω την συμβολή του Μακαρίου στην σύγχρονη Ιστορία της Κύπρου.

Υπάρχουν ορισμένοι Κύπριοι που πρόσφεραν πάρα πολλά για την ευημερία των υπολοίπων Κυπρίων. Θα ήθελα να ξεχωρίσω σ αυτή την κατηγορία τις οικογένειες Λανίτη και Λεβέντη. Ο τρόπος με τον οποίον υποστήριξαν για δεκαετίες και ακόμα υποστηρίζουν την πρόοδο άλλων Κυπρίων ιδικά φοιτητών και ανθρώπους των τεχνών είναι πραγματικά αξιέπαινος και όλοι οι Κύπριοι είμαστε υπερήφανοι για την προσφορά αυτών των ανθρώπων.

Το Ελληνικό και Κυπριακό Φυσικό περιβάλλο έχει εξυμνηθεί όχι μόνο από Έλληνες και Κυπρίους αλλά επίσης από ένα μεγάλο αριθμό ξένων που έχουν επισκεφτεί η ζήσει στην πατρίδα μας. Ζούμε σε μια χώρα όπου η κάθε μιά από τις τέσσερις εποχές έχουν την χάρη τους. Οι περισσότεροι ξένοι έρχονται στην χώρα μας το καλοκαίρι για να ηλιαστούν και να απολαύσουν τις όμορφες ακρογιαλιές μας. Οι περισσότεροι Έλληνες είναι ρομαντικοί άνθρωποι και απολαμβάνουν περισσότερο την Άνοιξη με τη φύση καλυμμένη στο πράσινο και με τα όμορφα λουλούδια και ανθούς να ευωδιάζουν την ατμόσφαιρα. Η ευωδία από τα άνθη των λεμονοδένδρων στο χωριό μου είναι κάτι που δεν συνάντησα σε καμιά άλλη χώρα και έμεινε χαραγμένη βαθειά στη θύμηση μου. Τα γιασεμιά το απόγευμα ήταν κάτι που όλοι οι νέοι και νέες απολάμβαναν σαν να ήταν ένα απαραίτητο απόκτημα της ζωής. Το Φθινόπωρο με τα εύγευστα φρούτα του και με τη γύμνια πολλών φυλλοβόλων δένδρων δεν καταφέρνει όμως να μας στερήσει από το πράσινο πολλών δένδρων μας ιδικά των λεμονοδένδρων. Και όταν ο Χειμώνας, μας αναγκάζει να ντυθούμε στα βαριά μας ρούχα εν τούτοις αυτό δεν μας σταματά από το να απολαμβάνουμε τα χιόνια στα βουνά μας. Τρέχοντας μέσα στις χιονονυμφάδες είναι κάτι που απολαμβάνουμε όλοι μας σε όλες τις ηλικίες. Η Κύπρος είναι η μόνη χώρα στην Ευρώπη όπου για ορισμένες μέρες, οι τουρίστες, μπορούν να κάνουν σκι στο Τρόοδος το πρωί και κολύμπι το απόγευμα στη Λεμεσό.

Πολλοί πιστεύουν ότι η πατροπαράδοτη Κυπριακή φιλοξενία αποτελεί παρελθόν. Λέγεται ότι η φιλανθρωπία, η φιλοξενία, η φιλευσπλαχνία και η φιλοδωρία έχουν εξαφανιστεί και στην θέση τους εμφανίστηκαν ο ατσιδισμός και η φιλοδοξία για την απόχτηση χρήματος και την άμεση η στιγμιαία επιτυχία. Δεν αμφιβάλλω ότι τα τελευταία χρόνια οι σκοποί και οι επιδιώξεις πολλών εκ των νέων μας έχουν στραφεί προς την γρήγορη απόκτηση επιτυχίας και υλικών αγαθών. Αλλά αυτήν την στροφή στην φιλοδοξία των νέων μας πρέπει να την συνδυάζουμε μαζί με το γεγονός ότι συνάμα έχουμε περισσότερους νέους στα Πανεπιστήμια όσο ποτέ προηγουμένως. Η Κύπρος έχει ένα από τα πιο ψηλά ποσοστά αποφοίτων Πανεπιστημίου σε ολόκληρο τον κόσμο και πρέπει να ήμαστε υπερήφανοι γι αυτό. Αλλά συνάμα πρέπει να αναγνωρίσουμε το γεγονός ότι δεν μπορούν όλοι να πάνε στο πανεπιστήμιο. Υπάρχουν άνθρωποι που δεν βρίσκουν το διάβασμα τόσο εύκολο. Γι αυτό το λόγο οι φιλοδοξίες και επιδιώξεις τους έχουν στραφεί σε άλλες κατευθύνσεις. Αυτό όμως δεν είναι έγκλημα. Απεναντίας, στην σημερινή μας κοινωνία επαινείται και επιβραβεύεται

Η μεγάλη αύξηση στη τιμή της γης έδωσε την ευκαιρία σε πολλούς να γίνουν ξαφνικά πλούσιοι. Τα παιδιά τους επωφελήθηκαν από αυτή την απότομη αλλαγή στο βιοτικό επίπεδο. Κοιτάζοντας όμως γύρω μας θα δούμε ότι όλοι σχεδόν οι νέοι μας είναι εργατικοί και φιλότιμοι. Είναι ίσως κάτι το έμφυτο. Η φιλοτιμία τους, τους οδηγεί στη σκληρή δουλειά για να ικανοποιήσουν τις απαιτήσεις τους γονείς τους η της κοινωνίας. Είναι γεγονός ότι ξαφνικά έχουμε αποκτήσει αρκετούς ατσίδες αλλά δεν σημαίνει ότι οι ατσίδες αυτοί έχουν χάσει τα αισθήματα της φιλανθρωπίας, της φιλοξενίας και της φιλευσπλαχνίας.

Η εργατικότητα του Κυπριακού λαού και ο ακαταμάχητος χαρακτήρας του ήταν αυτό που ανάστησε την Κύπρο ύστερα από την καταραμένη εισβολή. Οι κύπριοι απέκτησαν τον θαυμασμό όλου του κόσμου με την ταχύτητα που ανασυγκροτήθηκαν και αναδημιουργήθηκαν έπειτα από την σχεδόν ολική καταστροφή.

Θέλω μ αυτά να πω ότι είμαι υπερήφανος για τη νέα γενιά μας. Τα λόγια αυτά πηγάζουν μέσα απ τα βάθη της καρδιάς μου. Είμαι υπερήφανος για όλους τους συμπατριώτες μου, είμαι υπερήφανος για σας, είμαι υπερήφανος να είμαι ένας από σας, είμαι υπερήφανος που είμαι Κύπριος Έλληνας.

Books by the same author.

1. Evolution – a Dual Process
2. Theoretical Considerations of Dual Process Evolution
3. The Simplicity of Science
4. Physiological Psychology –basis of Colour Vision
5. Al Qaeda Hits London
6. Innocent Years
7. Tumultuous Years – Post 1974 Cyprus
8. Civilisation, Culture, Civility
9. Short Stories – English
10. Short Stories – Greek
11. Dear God – Intimate correspondence with God
12. Travelling Experiences
13. GMATE – Most advanced ERP System
14. My Party is my Country – Greek
15. Why I am proud to be a Greek Cypriot – Greek

Γιατί είμαι υπερήφανος Για την καταγωγή μου

Μιά σύντομη ανάλυση ιστορικών γεγονότων με έμφαση στα έργα Μεγάλων Ελλήνων και Κυπρίων.

Παρουσίαση από τον

Ανδρέα Πολυδώρου B.Sc.(Hons), PhD., FRSA

Andreas Polydorou is an established Thinker, Scientist, Inventor, Writer, and Broadcaster.

ABC Publications London 2010.

Τιμή 4.00 Ευρώ

www.ingramcontent.com/pod-product-compliance
Ingram Content Group UK Ltd.
Pitfield, Milton Keynes, MK11 3LW, UK
UKHW041902190726
13854UKWH00003B/1046

9 781291 670905